WinterWeihnachtsWunderWelt

Ulrich Maske • Ute Krause

WinterWeihnachtsWunderWelt

Eine Lieder- und Geschichtenreise in alle Welt
zu Sternensängern, Dreikönigshexen und
Caspar, Melchior und Balthasar

KERLE

München
Wien

© VERLAG KERLE im Verlag Herder & Co., Wien 1995
Alle Rechte vorbehalten.
Notensatz: Jürgen Sieben. Notenlektorat: Henning Kasten
Satz: Vogel Medien GmbH, Korneuburg
Printed in Austria

ISBN 3-85303-054-8

Inhalt

Erfüllet die Luft, ihr Lieder

♩ = 152

Er-fül-let die Luft, ihr Lie-der, und schal-let von fern und nah. Die

Hei-li-ge Nacht kehrt wie-der, der Ret-ter der Welt ist da. Nun

laßt Ho-si-an-na hö-ren, lob-prei-set in gro-ßer Schar, stimmt

ein mit den Him-mels-chö-ren und sin-get Hal-le-lu-ja.

Erfüllet die Luft, ihr Lieder,
und schallet von fern und nah.
Die Heilige Nacht kehrt wieder,
der Retter der Welt ist da.

Nun laßt Hosianna hören,
lobpreiset in großer Schar,
stimmt ein mit den Himmelschören
und singet Halleluja.

Froh jubeln nun auf der Erde
die Menschen in aller Welt,
daß ihnen das Heil heut werde,
laut klingt es zum Himmelszelt.

Nun laßt Hosianna hören . . .

Von Süden her kommt und Norden,
oh eilet, das Kind zu sehn,
denn Christus ist Mensch geworden,
laßt uns an der Krippe stehn.

Nun laßt Hosianna hören . . .

So dankt alle Gott, dem Vater,
seid fröhlich nun immerfort,
denn herrliche Wunder tat er,
erfüllte Jesajas Wort.

Nun laßt Hosianna hören . . .

Fischermärchen

Hier im Hafencafé von Peniche ist es jetzt nicht mal im Schatten kühl. Mir gegenüber sitzt ein portugiesischer Fischer. Wie wir mitten im Sommer auf Weihnachten kommen, weiß ich nicht. Jedenfalls kommt der Fischer ins Erzählen.

Ich kenne diese Geschichte von meinem Vater, beginnt er, und auch dem hat sie sein Vater erzählt. Weißt du, als Maria, Josef und ihr Kind vor dem Mörderkönig Herodes fliehen, kommen sie an einem Fischerhafen vorbei. Jaja, an so einem wie diesem. Es ist noch früh am Morgen. Ein Boot kommt gerade auf den Hafen zu, so wie jetzt das da hinten, sieh mal. Und Maria ruft den Fischern von weitem zu: »Was habt ihr gefangen?« »Wasser, nur Wasser«, spotten die und lachen. Und was glaubst du: Im selben Augenblick schlagen Wellen ins Boot, das erreicht kaum das Ufer, und der ganze Fang geht verloren.

Die Flüchtenden sind dann weitergegangen, fährt der Fischer fort. Nach einer Weile treffen sie auf zwei Männer, die sägen, hobeln und hämmern an langen Holzbalken. Maria fragt sie: »Was soll das werden?« Die Männer antworten: »Wir hatten Sturm. Unser Boot ging entzwei, nun müssen wir ein neues bauen. Wir sind Fischer, das Boot bedeutet für uns Leben. Wir wollen wieder rausfahren, damit unsere Familie genug zu essen hat.« Die beiden Fischer schwitzen, sind müde, aber sie sind freundlich zu den Reisenden. Da sagt Maria: »Wenn die Sonne untergeht, werdet ihr satt und glücklich sein.«

Na ja, die beiden wundern sich schon ein bißchen, aber die Arbeit geht nun so schnell, daß sie an diesem Tag noch zu ihrem ersten Fang kommen.

Am selben Abend kommen in den Fischerhafen auch Herodes' Reiter geprescht, die die Heilige Familie verfolgen. Sie fragen zuerst die, die morgens gespottet haben: »He, ihr da, habt ihr einen Mann, eine Frau und ein Kind auf einem Esel gesehen?« »Ja«, antworten die. »Sie können noch nicht weit sein, in diese Richtung da sind sie gezogen.«

Die Reiter sofort im Galopp dem Fingerzeig nach, dorthin, wo am Morgen noch das Boot gebaut wurde. Die beiden Fischer landen gerade ihren ersten Fang mit dem nagelneuen Boot. Und können es kaum fassen und singen natürlich vor Freude. Die Reiter fragen auch sie, ob sie die mit dem Esel gesehen hätten. »Ja, die drei mit dem Esel sind hier vorbeigekommen. Das war, als wir dieses Boot bauten«, sagen die. Und das ist ja die Wahrheit. Nur wissen die Reiter nicht, daß das mit dem Bootbauen auf einmal so schnell ging.

»Dann ist es schon zu lange her«, fluchen die Herodes-Leute. »Das können nicht die gewesen sein, die wir suchen.« Also runter von den Pferden und rein ins Wirtshaus. Und trinken dann so viel Wein, daß sie auf den Tischen einschlafen. Derweil laufen ihnen die Pferde fort, und sie müssen zu Fuß weiterziehen. Jedenfalls sind Maria, Josef und ihr Kind gerettet.

Ja, das sind so alte Fischermärchen, sagt mein Café-Nachbar versonnen. Nach einer Weile frage ich ihn: »Und wie war dein Fang heute?« Sagt er lächelnd: »Ich bin zufrieden. Nur Sardinen – wie immer. Aber ein guter Fang. Es reicht für uns, solange Leute wie du Sardinen mögen. Und mein Boot hält auch noch lange. Das ist in Ordnung, in dem ist schon mein Großvater gefahren.«

Der Fischer trinkt aus, verabschiedet sich von mir und geht zu seinem Boot, das leise im Abendwind schaukelt. Es heißt Maria.

La Befana

Leu - te, hier kommt die Be - fa - na, wirk - lich,
so was war noch nie da! Seht nur ih - re bun - ten Klei - der, seht schnell
her, gleich ziehn wir wei - ter. Ihr dürft uns gern et - was schen - ken, na, das
könnt ihr euch ja den - ken. Seid nicht gei - zig, lie - be Leu - te, wir sind
ei - ne gro - ße Meu - te. Ar - ri - va - ta la Be -
fa - na. Ar - ri - va - ta la Be - fa - na.

Leute, hier kommt die Befana,
wirklich, so was war noch nie da!
Seht nur ihre bunten Kleider,
seht schnell her, gleich ziehn wir weiter.

Unser Singen, unser Klingen
soll euch gute Laune bringen.
Was ihr schenkt, kommt doppelt wieder:
Ihr behaltet unsre Lieder.

Ihr dürft uns gern etwas schenken,
na, das könnt ihr euch ja denken.
Seid nicht geizig, liebe Leute,
wir sind eine große Meute.

Außerdem habt ihr dann eben
Glück, Gesundheit, langes Leben,
nette Kinder, nette Nachbarn –
all das wünscht euch die Befana.

Arrivata la Befana.
Arrivata la Befana.

Arrivata la Befana.
Arrivata la Befana.

Italienische Mandelplätzchen

500 g Mehl, 3 Eier, 100 g Butter, 300 g Zucker oder entsprechend Honig, 1 Vanilleschote, 2 unbehandelte Zitronen, 200 g geriebene Mandeln, 100 g grob gehackte Mandeln

Die Schale der Zitrone abreiben, Vanilleschote auskratzen und mit allen anderen Zutaten zu einem Teig verkneten. Die gehackten Mandeln zum Schluß hinzufügen. Etwa 3 cm dicke Teigrollen formen, auf ein gefettetes Backblech legen und im auf 175 Grad vorgeheizten Backofen auf mittlerer Schiene 20 Minuten backen. Dann herausnehmen, etwas abkühlen lassen und in etwa 1 cm dicke Scheiben schneiden. Bei 175 Grad nochmals 15 Minuten oder länger backen. Die Plätzchen sollten ziemlich hart sein. Zum Essen kann man sie dann in Kakao, Milch, Tee oder Kaffee eintunken.

Die kleinen Hexen kommen

Vielleicht wißt ihr, daß in Italien die Hexe Befana die Geschenke bringt – nicht zu Weihnachten, sondern am Tag der Heiligen Drei Könige, am 6. Januar. Aber wißt ihr auch, daß es am Vorabend ganz viele kleine Hexen gibt? Und auch Hexenmeister, die »Befanotti«?

Das sind die italienischen Mädchen und Jungen. Sie verkleiden sich mit alten Röcken und Kleidern, viel zu großen, langen Hemden und weiten Schlabberhosen, bunten Hüten und Kopftüchern. Sie haben die tollsten Einfälle und entwerfen immer neue Kleider. Sie malen sich das Gesicht an, so daß man sie nicht mehr erkennen kann. Selbst die Nachbarn nicht.

Dann nehmen sie sich Hexen-Musikinstrumente, zum Beispiel Löffel zum Klappern, Töpfe zum Trommeln, vielleicht auch eine Flöte und einen Schellenring, und los geht's.

Sie ziehen von Haus zu Haus, am besten fangen sie gleich bei den Nachbarn an. Dort singen sie ihre Hexenlieder. Und wer den kleinen Hexen etwas zu naschen oder ein paar Münzen gibt, dem bringen sie Glück. Ehrenwort!

Aber wehe, sie treffen geizige Leute an! Dann können sie furchtbar hexen! Besonders die kleine Isabella, sie ist zum ersten Mal dabei, reitet auf einem kleinen Besen und sieht zum Fürchten aus. Wirklich! Und singen kann die, daß die Fensterscheiben klirren!

Da muß ihr die Nachbarin wohl einen Extra-Mandelkeks geben, der süßen Befana.

Durch die Berge weht der Wind

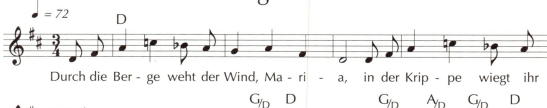

Durch die Ber - ge weht der Wind, Ma - ri - a, in der Krip - pe wiegt ihr

Kind, Ma - ri - a. Zwi - schen E - sel, Ochs und Rind wiegt ihr Kind, Ma - ri -

a, zwi - schen E - sel, Ochs und Rind wiegt ihr Kind, Ma - ri - a.

Durch die Berge weht der Wind, Maria,
in der Krippe wiegt ihr Kind, Maria.
Zwischen Esel, Ochs und Rind
wiegt ihr Kind, Maria.

Aus dem Himmel kommt ein Stern, Maria,
führt drei Könige zum Herrn, Maria.
Aus dem Morgenland von fern
führt sie der Stern, Maria.

Überm Stall von Bethlehem, Maria,
bleibt er stehn und leuchtet schön, Maria,
wo die Hirten staunend stehn
und Wunder sehn, Maria.

Caspar, Melchior, Balthasar – Maria,
singen mit der Engelschar, Maria:
Du bist schön und wunderbar,
halleluja, Maria.

Die Sperte kriegt die Krümel

Der Egerfluß war fast ganz zugefroren, die Wiesen lagen unter einer dichten Schneedecke, von den Bergen her wehte ein kalter, aber sanfter Wind.

Auf dem Marktplatz stand ein riesiger Christbaum, der Christkindlmarkt hatte seinen letzten Tag: Es war Heiligabend. Und in der Küche duftete es schon nach Karpfen, dem Weihnachtsfisch in Rotwein-Mandel-Sauce.

Ja, so war das damals bei uns zu Hause, sagt Oma Emmi. Im Nachbardorf wurde tschechisch gesprochen, bei uns deutsch, und wir verstanden uns gut, nicht nur zur Weihnachtszeit.

Ach ja, Weihnachtszeit, das war was! Wir Kinder konnten den Abend kaum erwarten. Und schließlich war es soweit. Ein weißes Tischtuch wurde gedeckt, das mußte so sein.

Und dann schnitt Vater einen Apfel in vier Hälften. Hatte er dabei einen Kern zerschnitten, seufzte Mutter: »Jesses.« Denn das bedeutete Unglück.

Blieben aber alle Apfelkerne heil, strahlte Mutter, und alle strahlten mit ihr: Fröhliche Weihnachten.

Ja, so war das damals bei uns zu Hause, sagt Oma Emmi. Wir waren zwar katholisch, aber auch ein bißchen abergläubisch.

Und dann kam das Festmahl. Zuerst für die Tiere! In Bethlehem lag das Jesuskind ja bei Ochs und Esel. Und im Andenken daran bekamen am Heiligabend erst mal alle Tiere zu fressen – etwas besonders Leckeres. Wir halfen dem Vater beim Füttern.

Und dann: »Komm, Herr Jesu, sei unser Gast . . .« Siebenerlei Speisen wurden aufgetragen, und der Weihnachtsfisch war die Krönung. Na ja, einmal gab es keinen, weil Vater arbeitslos war und wir kein Geld hatten. Aber immer haben wir am Heiligabend die Krümel und Essensreste vom Tisch in den Garten hinausgetragen. Dort haben wir sie an einem Baum hingelegt. »Damit wir im nächsten Jahr eine gute Ernte haben«, sagte der Vater. Aber Mutter wußte: »Das holt die Sperte.« Die Sperte ist ein Geist, ein guter. Jedenfalls, wenn man gut zu ihr ist. Und Mutter war immer gut zu ihr. Einmal hat sie ihr sogar ein Schnäpschen an den Baum gestellt.

Mitternachts gingen wir zur Christmette in die Kirche. Wir liefen auf Skiern, denn der Weg war weit und verschneit. Unser Jüngstes zogen wir auf einem Schlitten. Geheizt war die Kirche nicht. Aber wir sangen uns ja warm. Und auch die flackernden Kerzen strahlten Wärme aus. Das war die Nacht der Nächte: Weihnacht. Ihr Zauber wirkte noch in uns weiter, wenn wir ins Bett gingen. Ich war dann immer müde und konnte doch nicht einschlafen.

Ach ja, Geschenke. Die gab es auch. Aber erst am nächsten Morgen, das war eine Überraschung!

Ja, so war das damals bei uns zu Hause, sagt Oma Emmi.

Mitternacht war

Mit - ter - nacht war, hell war's wie am Ta - ge.

Die En - gel san - gen hell, die Ster - ne war'n zur Stell'!

Hel - ler als die Son - ne er - strahl - te der Mond.

Doch Hir - ten nur al - lein se - hen die - sen Schein.

gehn. Kom - met, kom - met her, bringt ihm Ga - ben,

dem Je - sus - kind - lein, was wir ha - ben: Zuk - ker - werk, Lek - ker - ei'n,

bringt sie her vor das Kind. Kommt, bringt Pa - pa - ya,

Ho - nig, Fei - gen, dem Höch - sten zu ei - gen. Ja, all das

brin - get ihm her und legt's vor die Krip - pe hin!

Mitternacht war,
hell war's wie am Tage.
Die Engel sangen hell,
die Sterne war'n zur Stell!
Heller als die Sonne
erstrahlte der Mond.
Doch Hirten nur allein
sehen diesen Schein.

Kommet, kommet her, bringt ihm Gaben,
dem Jesuskindlein, was wir haben:
Zuckerwerk, Leckerei'n,
bringt sie her vor das Kind.
Kommt, bringt Papaya, Honig, Feigen,
dem Höchsten zu eigen.
Ja, all das bringet ihm her
und legt's vor die Krippe hin!

Mitternächtlich
bricht der Weihnachtstag an.
Kommt schon, wir gehen all
nach Bethlehem zum Stall.
Heller als die Sonne
strahlt in unser Herz
der Stern von Bethlehem.
Dahin woll'n wir gehn.

Kommet, kommet her, bringt ihm Gaben . . .

Weihnachtstag ist's!
Jetzt machen wir uns auf.
Hand in Hand wandern wir,
kleiner Jesus, zu dir.
Heller als die Sonne und Mond
schimmert die Gnade:
Der Himmelsvater heut
macht uns große Freud.

Kommet, kommet her, bringt ihm Gaben . . .

Die Zampona

Für John – hasta siempre!

In das kleine Bergdorf im Hochland von Ecuador kommen keine Reisenden und wenige Händler. Selbst die Post kommt nur selten, zum Beispiel zu Weihnachten. Hier ist es nicht so heiß wie im Tiefland, wo man selbst zur Weihnachtszeit Spiegeleier beinahe in der Sonne braten kann. Hier ist man unter sich, und es ist ruhig. Außer wenn der Organist in der Kirche übt, das hört man im ganzen Dorf. Aber alle mögen es gern. Jetzt vor Weihnachten übt er besonders viel, und ein Indiojunge sitzt draußen vor der kleinen Kirche. Oft schon hat er zugehört und auf seiner Zampona mitgespielt. Das ist die Panflöte der Indios. Ein paarmal hat man ihn weggescheucht, auch heute wieder. Aber die Lieder, die der Organist spielt, sind längst in seinem Kopf und in seinen Händen. Francisco Eugenio, so heißt der Junge, geht nach Hause zu seinem Vater, der ihm die Zampona gebaut und geschenkt hat.

»Wasch dich und zieh dich um, es ist Weihnachten, wir wollen gleich in die Kirche«, sagt der Vater zu ihm.

»Ist gut«, antwortet Cisco, wie Papa ihn manchmal nennt.

Bald geht Cisco mit seiner Familie in die Kirche, wie fast alle aus dem Dorf. Die Messe beginnt. Der Organist setzt sich an die Orgel und fängt zu spielen an. Aber es kommt nur ein Röcheln heraus. Der Pfarrer räuspert sich, der Organist versucht es noch einmal. Wieder ein Röcheln – die Orgel ist kaputt.

Eine Weihnachtsmesse ohne Orgel, ohne Musik?

»Papa, ich kann alle Lieder auf meiner Zampona spielen. Soll ich sie holen?« fragt Cisco.

»Ja, lauf und bring meine große Zampona mit, die meisten Lieder kenne ich von früher.«

Während alle murmeln und überlegen, wie Weihnachten doch noch ein Fest werden kann, rennt Cisco nach Hause und holt die beiden Zamponas. Als er zurückkommt, flüstert er dem Pfarrer schnell etwas zu. Und der Pfarrer sagt zur Gemeinde: »Unsere Orgel ist ausgefallen, das habt ihr sicher gemerkt. Aber Weihnachten ist ein Wunder für uns, immer wieder. Und Cisco und sein Vater haben ihre Zamponas hier. Sehen die heute nicht aus wie kleine Orgeln? Sie werden für uns spielen, und wir singen unsere alten Lieder, wie wir sie immer gesungen haben.«

»Aaah«, raunen alle und freuen sich, daß die Messe nun doch mit Musik und Gesang gefeiert werden kann. Und ein Lächeln erscheint auf den schwarzen, weißen, kakaobraunen und kupferfarbenen Gesichtern.

Cisco spielt, so wie er es der Orgel abgelauscht hat, Papa begleitet ihn auf der großen Zampona, die die tieferen Töne macht. Der Organist klatscht im Rhythmus, viele klatschen mit, und alle singen bis Mitternacht.

Von diesem Weihnachtsfest werden die Alten im Dorf noch lange erzählen. Irgendwann werden sie sagen, es war unser schönstes Fest, als Cisco und sein Papa für uns spielten. Damals, als Cisco noch ein Junge war.

Ich sah drei Schiffe vor Anker gehn

Ich sah drei Schif - fe vor An - ker gehn, vor

An - ker gehn, vor An - ker gehn. Ich sah drei Schif - fe vor

An - ker gehn am Weih - nachts - tag am Mor - gen.

Ich sah drei Schiffe vor Anker gehn,
vor Anker gehn, vor Anker gehn.
Ich sah drei Schiffe vor Anker gehn
am Weihnachtstag am Morgen.

Wer mag wohl auf dem Schifflein sein,
dem Schifflein sein, dem Schifflein sein?
Wer mag wohl auf dem Schifflein sein?
Josef und Maria.

Er pfiff ein Liedchen, und hell sie sang,
und hell sie sang, und hell sie sang,
bis jede Glocke silbern sprang
am Weihnachtstag am Morgen.

Hosianna und halleluja,
halleluja, halleluja,
denn heut ist Jesu Christ geborn,
am Weihnachtstag am Morgen.

Der Mistelzweig

Jenny lebt in der englischen Stadt Stratford on Avon. Sie freut sich schon lange auf Weihnachten. Mit ihrer Mutter und ihrem Vater hat sie wieder und wieder über Weihnachten gesprochen. Daß es auch diesmal wieder Truthahnbraten gibt und Plumpudding. Die Geschenke sollen Überraschungen sein, auch ihre, die sie für die Eltern gebastelt hat.

Toll findet sie, wie Weihnachten früher war. Da wurde viel mehr gesungen und getanzt. Alle verkleideten sich – Erwachsene und Kinder. Die meisten gingen zu diesem Tanz mit Mummenschanz in Tiergestalt und trugen phantastische Masken.

Besonders gespannt ist Jenny auf den Moment, wenn der Mistelzweig über der Haustür aufgehängt wird. Das ist ein alter englischer Brauch.

Ihre Mutter hat ihr verraten, daß ihr Vater sie zum ersten Mal unter einem Mistelzweig geküßt hat. Wenn man von jemandem unter einem Mistelzweig geküßt wird, darf man nicht böse sein, und auch niemand anders darf darüber schimpfen. Hat Jennys Mutter gesagt.

Jenny ist ein bißchen schüchtern. Dabei mag sie John, den Jungen von nebenan, besonders gern. Nur hat sie es ihm noch nie sagen mögen. Und jetzt wartet sie eben auf den Mistelzweig, dann könnte sie vielleicht . . .

Jedenfalls freut sich Jenny dieses Jahr besonders auf Weihnachten.

Maria durch ein' Dornwald ging

Ma - ri - a durch ein' Dorn - wald ging. Ky - ri - e - lei - son. Ma -

ri - a durch ein' Dorn - wald ging, der hat in sie - ben Jahr'n kein

Laub ge - tra - gen. Je - sus und Ma - ri - a.

Maria durch ein' Dornwald ging.
Kyrieeleison. Kyrieeleison.
Maria durch ein' Dornwald ging,
der hat in sieben Jahr'n kein Laub getragen.
Jesus und Maria.

Was trug Maria unterm Herzen?
Kyrieeleison. Kyrieeleison.
Ein kleines Kindlein ohne Schmerzen,
das trug Maria unterm Herzen.
Jesus und Maria.

Da haben die Dornen Rosen getragen.
Kyrieeleison. Kyrieeleison.
Als das Kindlein durch den Wald getragen,
da haben die Dornen Rosen getragen.
Jesus und Maria.

Am Fenster

Maria steht am Fenster
Drückt sich die Nase platt
Sie weiß, da drüben vor dem Deich
Liegt matschig-schön das Watt
Da rauscht das Meer, da heult der Wind
Da hörst du Möwen schrein
Maria denkt, das soll wohl heut
Ihr Lied zur Weihnacht sein
Geschneit hat's nicht, es ist nur kalt
Hier gibt's auch keinen Dornenwald
Hier gibt es Schafe, Aal und Butt
Maria findet's hier ganz gut

Mit ihrem alten Fahrrad
Zum Supermarkt fuhr Mutter
Und Vater repariert noch rum
An seinem Krabbenkutter
Nun singet und frohlocket
Es aus dem Radio
Der graue Nordseehimmel macht
Aber nicht ganz so froh
Maria guckt und guckt zum Deich
Hoffentlich kommt das Christkind gleich
So steht sie ohne Schuh und Strümpf
Maria ist gerade fünf

Engel rufen: Hirten, hört!

♩ = 63

En - gel ru - fen: Hir - ten, hört! En - gel ru - fen: Hir - ten,

hört! En - gel ru - fen: hört! Ein Kind kam im Stall auf die

Welt. En - gel ru - fen: Hir - ten, hört! Ein

Kind kam im Stall auf die Welt. En - gel ru - fen: Hir - ten, hört!

Engel rufen: Hirten, hört!
Ein Kind kam im Stall auf die Welt.
Engel rufen: Hirten, hört!

Lauft zum Stall nach Bethlehem!
Da findet ihr das Jesuskind.
Lauft zum Stall nach Bethlehem!

Achtet auf den Friedensruf!
Tragt ihn weit hinaus in die Welt.
Achtet auf den Friedensruf!

Erdnußsauce und Weihnachtsvögel

Richie kommt aus Afrika, genauer gesagt: aus Ghana. Elisabeth kommt auch aus Afrika: aus Tansania.

Beide haben Haare und Haut schwarz wie Ebenholz, und ihre Zähne leuchten weiß wie Elfenbein, wenn sie vom Heiligen Abend in Afrika erzählen.

Richie besucht dann viele Tanten und Onkel, Cousinen und Cousins. Sein Vater schmückt inzwischen eine Bananenstaude, ungefähr so, wie bei uns der Tannenbaum geschmückt wird. Nach dem Kirchgang essen sie gemeinsam. Mutter brät ein Hähnchen oder sogar einen Truthahn. Dazu gibt es Maisbällchen und Erdnußsauce. Großmutter sagt immer: »Nach dieser Sauce möchtest du dir die Finger wohl bis zum Ellbogen ablecken!«

Dann überreichen sie sich Geschenke und singen alle zusammen, von Jesus, von Weihnachten, vom Frieden auf Erden. Und dann beginnt das große Feuerwerk, das erst am Neujahrstag endet. Das mag Richie besonders.

Bei Elisabeth zu Hause wird Weihnachten auf der Straße getanzt, gesungen, getrommelt und gefeiert. Da geht es lustig zu, auch in der Kirche. Dort bleiben die Fenster offen, auch wenn der Pfarrer die Weihnachtsgeschichte erzählt. Und beim letzten Mal kamen bunte Vögel durch die offenen Fenster und flogen zwitschernd durch die ganze Kirche – fröhliche Weihnachten!

Heiland, sei willkommen

♩ = 126

Hei - land, sei will - kom - men auf der Er - den hier. Du

öff - nest uns heu - te die Him - mels - tür.

Daß auf uns dein Lich - te fällt in die - se trü - be Zeit.

Sei will - kom - men, Hei - land, in dei - ner Herr - lich - keit. Ky - ri - e - leis.

Heiland, sei willkommen
auf der Erden hier.
Du öffnest uns heute
die Himmelstür.
Daß auf uns dein Lichte
fällt in diese trübe Zeit.
Sei willkommen, Heiland,
in deiner Herrlichkeit.
Kyrieleis.

Licht kommt auf die Erde.
Folgen wir ihm nach,
wie Hirten und wie Kön'ge
dort unters Dach.
Sei willkommen, Himmelssohn,
auf diesem dunklen Stern.
Kniend woll'n wir grüßen
den Heiland, unsern Herrn.
Kyrieleis.

Neigen Knie und Köpfe
dort in Davids Stadt,
wie Hirten und wie Kön'ge
vorm Kinde zart.
Suchen Rat und Wahrheit
bei dem Kind und finden Ruh:
Aller Welten König,
der lächelt uns hier zu.
Kyrieleis.

Wann kommt Sinterklaas?

Marijke und ihr Bruder Brecht leben in einer Hafenstadt in den Niederlanden. Für sie ist der 6. Dezember der schönste Tag im Jahr. Denn da erwarten alle Kinder in den Niederlanden mit großer Spannung Sinterklaas, der ihnen die Geschenke bringt. So wie bei uns das Christkind oder der Weihnachtsmann. Nur kommt Sinterklaas eben viel früher.

Seit ein paar Tagen streiten Brecht und Marijke ab und zu.

Brecht stellt schon seit fast drei Wochen jeden Abend einen Schuh vor den Kamin. Marijke will erst heute abend ihren Schuh dazustellen, und eine Schüssel mit Wasser und eine Mohrrübe.

»Sinterklaas trinkt doch kein Wasser, und Mohrrüben mag er bestimmt nicht . . .«, stichelt Brecht mal wieder.

»Das ist für sein Pferd, weißt du doch ganz genau«, antwortet Marijke. »Und du stellst deinen Schuh seit Wochen hin, so ein Quatsch!«

»Gar kein Quatsch. Man weiß nie genau, wann er kommt. Das hängt vom Wind ab. Weil der kommt nämlich nie und nimmer mit dem Pferd, der kommt mit dem Schiff angesegelt, ganz von Spanien hierher zu uns!«

»Letztes Jahr haben sie es doch im Fernsehen gezeigt: Der Schwarze Pitt* begleitet ihn. Und sie kommen genau am Abend nach Amsterdam geritten und werden sogar von der Königin begrüßt! Und Sinterklaas hat einen langen, roten Mantel an und weiße Handschuhe, und er reitet auf einem Schimmel und sieht wunderschön aus. Ich hab's doch genau gesehen! Und im Jahr zuvor war es auch so.«

»Du glaubst wohl alles, was die im Fernsehen zeigen«, meint Brecht. »Jedenfalls, er ist auch manchmal schon Wochen vorher angesegelt gekommen. Jaspers Großvater hat gesagt, er kann sich noch genau an einige Male erinnern.«

»Sag mal, Brecht, was machst du denn da?«

---

* Der Schwarze Pitt ist bei uns der Knecht Ruprecht oder der Krampus

»Na ja, ich lege jetzt meinen großen Sack vor die Haustür.«

»Ach, dein Schuh genügt wohl nicht mehr?«

»Papa hat gestern gefragt, ob ich heute nicht meinen Sack rauslegen will.«

»Also doch, du auch! Auf einmal! Genau am Abend vorm 6. Dezember.«

»Das ist doch was ganz anderes, weil . . . weil . . .«

Da ruft ihre Mutter: »Kinder, kommt, Sinterklaas ist im Fernsehen!«

»Siehst du«, sagt Marijke.

»Und er kommt doch mit dem Schiff! Aus Spanien. Mit mindestens sieben Segeln!«

Der Zaunkönig

♩. = 100

C   G

Am Ste - fans - tag hat im Gin - ster - dorn

C   G   C

Zaun - kö - nig sei - ne Frei - heit ver - lorn. Hoch mit dem Kes - sel, die

G   C   G   C

Pfan - ne laßt stehn, gebt ei - nen Pen - ny, wir müs - sen bald gehn.

Am Stefanstag hat im Ginsterdorn
Zaunkönig seine Freiheit verlorn.
Hoch mit dem Kessel, die Pfanne laßt stehn,
gebt einen Penny, wir müssen bald gehn.

Am Stefanstage spielen wir
zu Zaunkönigs Ehre, drum sind wir hier.
Hoch mit dem Kessel, die Pfanne laßt stehn,
gebt einen Penny, wir müssen bald gehn.

Im Land des Vogelkönigs

Vom Zaunkönig gibt es viele Geschichten. Vielleicht kennt ihr schon die, als er einmal höher flog als der Adler? Da versteckte er sich unter dessen Flügel. Als der Adler dann hoch in die Luft gestiegen war und nicht weiterkonnte, schlüpfte der Zaunkönig unter dem Flügel hervor und flog noch höher. Seitdem nennt er sich »König der Vögel«.

Die meisten Zaunköniggeschichten gibt es wohl in Irland. Dort wird zu Ehren des pfiffigen kleinen Federbällchens am Stefanstag – das ist bei uns der zweite Weihnachtsfeiertag – ein Zaunköniglied gesungen. Die Iren lieben den kleinen Vogel sehr. Und die Freiheit lieben sie noch viel mehr. Meistens beginnt das Zaunköniglied damit, daß das Vögelchen im Stechginster gefangen wurde. Eine schöne Bescherung! Und wie geht es dann weiter mit der Geschichte? Das ist immer wieder überraschend. Denn jede Gegend, ja jede Musikergruppe, erfindet ihr eigenes Zaunköniglied. Da geht es mal um die Beerdigung des armen Kleinen, mal um eine neue Krone für ihn, jedenfalls soll dafür gesammelt werden. Die singende und spielende Gruppe zieht mit Trommel, Geige, Flöte und Akkordeon von Haus zu Haus. Sie singt ihr Zaunköniglied und spielt ein Tänzchen. Dafür gibt es dann ein paar Münzen in den Hut. Und wenn das Haus ein Wirtshaus ist? Dann gibt es für Gesang und Spiel etwas zu trinken. Zaunköniglieder machen durstig.

Drei Könige kamen aus Morgenland

Drei Kö- ni- ge ka- men aus Mor- gen- land, gar

präch- tig zu schaun und von wei- sem Ver- stand.

Weit war ihr Weg von Berg zu Steg. Am

Him- mel den Pfad hell der A- bend- stern fand.

Drei Könige kamen aus Morgenland,
gar prächtig zu schaun und von weisem Verstand.
Weit war ihr Weg von Berg zu Steg.
Am Himmel den Pfad hell der Abendstern fand.

Der erste hieß Caspar und ritt hoch zu Pferd.
Er trug einen Ring, tausend Taler wohl wert.
Den Reif von Gold er schenken wollt
dem heiligen Kind, weil es gar so entbehrt.

Fürst Melchior aber saß hoch zu Kamel.
Er führte wohl über hundert Diener Befehl.
Weihrauch gar süß er bringen ließ
dem heiligen Kinde, Mariens Juwel.

Doch Balthasar ritt durch den Wüstensand
nach Sitte der Mohren zu Elefant.
Salböl und Wein, würzig und fein,
dem heiligen Kinde zu füll'n in die Hand.

Drei Könige kamen aus Morgenland . . .

Die Zaubernuß

Drei Könige aus dem Morgenland
Wollten irgendwann wieder nach Haus
So steckten sie eines Morgens dann
Die Nasen in Bethlehem raus
Diesen Nasen gingen sie immer nach
Wo führte sie das wohl hin?
Dir will ich's verraten:
Auf weiten Wegen kamen sie bis nach Wien
Dort sitzen sie zur Dreikönigszeit
Noch heute bei schwarzem Kaffee
Und sehn durch das Fenster
Staunend auf den kalten, weißen Schnee
Und willst du sie finden, gib mir 'nen Kuß
Unter einer blühenden Zaubernuß!
Kannst du sie nun sehn? Mach die Augen zu!
Wenigstens einen? Sag mal, du!

Der Zaubernußbaum kommt aus Nordamerika und
ist dort seit jeher für die Indianer eine wichtige Heilpflanze.
Er kann bis zu sieben Meter hoch werden. Seine Blüten
sind wie zarte, gelbe Sterne, aus deren Mitte
ein kleines, braunes Auge blickt.
Die Zaubernuß wächst auch bei uns. Sie blüht
im tiefsten Winter, selbst bei Eis und Schnee.

Höret heut die Sternensänger

♩ = 132

G · D · G · Em · G · D · G

Hö - ret heut die Ster - nen - sän - ger, öff - net Tür und To - re weit,

H · Em · D · G · Em · G · D · G

wo von Her - zen bang nicht län - ger, gna - den - reich ist die - se Zeit.

C · Am D · G C · D · G · Em · G D

Glo — — — ri - a in ex - cel - sis De - o!

G C · Am D · G C · D · G · Em · G D G

Glo — — — ri - a in ex - cel - sis De - o!

Höret heut die Sternensänger,
öffnet Tür und Tore weit,
wo von Herzen bang nicht länger,
gnadenreich ist diese Zeit.

Gloria in excelsis Deo!
Gloria in excelsis Deo!

Freude sei euch heut beschieden,
denn die Botschaft ist so schön.
Tragt im Herzen Seelenfrieden,
laßt uns froh zur Krippe gehn.

Gloria in excelsis Deo!
Gloria in excelsis Deo!

Seht die Armen, die nichts haben,
denkt an sie zum Weihnachtstag.
Schenkt mit Freuden eure Gaben,
daß es Gott gefallen mag.

Gloria in excelsis Deo!
Gloria in excelsis Deo!

Das alte Märchenbuch

Der Wind bewegt leise die Schaukel draußen vorm Haus. Nein, das ist nicht der Wind, das ist ein Mädchen. Es sagt: »Komm, laß uns gehen, es ist Zeit.«

Jeanette geht mit dem Mädchen eine Weile durch ein Wäldchen, bis sie an eine Lichtung kommen. Dort ragt ein Hügel auf.

Sie steigen hinauf und sehen im Mondschein eine wilde Horde im Kreis tanzen. Jeanette erkennt einige und ruft sie beim Namen. Doch die antworten nicht, sie sehen sie nur böse an. Alle tanzen immer wilder, immer verrückter, auch ihre Gesichter sehen verrückt aus. Der Wind wird plötzlich zum Sturm. Jeanette bekommt Angst. Sie möchte weglaufen, aber sie kommt nicht vom Fleck.

Da – ein Wagen, gezogen von Katzen, die schrecklich miauen. Und aus dem Wagen steigt ein Mann mit Hörnern, einem Schweif und einem Huf statt seines linken Fußes. An die, die ihn erwarten, verteilt er Goldstücke, aber sie werden sogleich zu Dornen. Der Teufel zeichnet mit dem Huf ein Kreuz in den Sand, dann liest er aus der Bibel, aber alles verkehrt herum.

Die Katzen miauen, Frösche quaken, und alle Tänzer haben plötzlich schwarze Kerzen in ihren Händen. Sie schreiten am Satan vorbei und küssen seinen Schweif.

Und nun soll Jeanette das auch tun. Vor Schreck und Angst ist sie ganz starr. »Nein«, ruft sie, »mein Gott, nein!«

Auf einmal ist der ganze Spuk mitsamt dem Teufel verschwunden. Jeanette atmet erleichtert auf.

»Jeanette, was ist, hast du geträumt? Komm, es ist Weihnachtsabend.« Ihre Großmutter hat das Buch mit den uralten, gruseligen französischen Märchen noch in der Hand.

Jeanette bittet sie: »Großmutter, bitte lies mir morgen aus einem anderen Buch vor, ja?«

Friede auf Erden allen Menschen

a cappella

♩ = 72   *Chor*

Frie - de auf Er - den al - len Men - schen! Frie - de auf

Er - den al - len Men - schen! Gott hat uns ein Licht ge -

Solo

bracht mit - ten in der tief - sten Nacht. Gott hat

Chor

uns ein Licht ge - bracht mit - ten in der tief - sten Nacht.

Friede auf Erden allen Menschen!
Friede auf Erden allen Menschen!
Gott hat uns ein Licht gebracht
mitten in der tiefsten Nacht.
Gott hat uns ein Licht gebracht
mitten in der tiefsten Nacht.

Friede auf Erden allen Menschen!
Friede auf Erden allen Menschen!
Rettung suchten wir schon lang,
unsre Herzen waren bang.
Rettung suchten wir schon lang,
unsre Herzen waren bang.

Friede auf Erden allen Menschen!
Friede auf Erden allen Menschen!
Jesus hilft aus aller Not,
zeigt uns unsern Weg zu Gott.
Jesus hilft aus aller Not,
zeigt uns unsern Weg zu Gott.

Südseeweihnacht

Es ist wunderschönes Sonnenwetter, das Wasser ist warm, und alle Kinder des Dorfes waren zum Baden im Meer. Ein herrlicher Weihnachtstag!

Auch Patjor hat im Meer gebadet, wie fast jeden Tag. Nun macht er mit den anderen Kindern am Strand Musik. Obwohl alle nackt sind, wird es ihnen zu heiß. Deshalb suchen sie schnell den Schatten einer Schraubenpalme – und weiter geht's mit Tanz und Spiel. Da klingen Schwirrhölzer, Wassertrommeln, Panpfeifen, Nasenflöten, kleine Maultrommeln und große Baumtrommeln bespannt mit Eidechsenfell. Reibhölzer quietschen, Bambusröhren werden gegeneinandergeschlagen, hölzerne Trompeten gespielt. Manche blasen einfach auf einem Grashalm. Ihre Oberkörper wippen hin und her, die Arme schwingen.

Patjor hat ein Schneckenhorn. Darauf kann man wunderschöne Melodien blasen. Es ist aus einem riesigen Schneckenhaus gemacht.

Am Abend werden sich alle zur Weihnachtsfeier treffen. Dann spielen die Kinder ihre Musik, und alle tanzen und singen. Manche ziehen sich Anzüge mit Hemd und Krawatte an, weil sie das besonders fein finden. Obwohl es so heiß ist.

Ein paar von den Alten glauben noch an Geister. Sie glauben, daß der Himmel ein Stein ist, über dem die Himmelsmenschen leben.

Patjor will das nicht glauben. Himmlisch klingt es, wenn er an seinem großen Schneckenhorn lauscht. Dann klingen ganz leise Lieder darin, obwohl niemand drauf spielt. Ganz besonders nach der Weihnachtsfeier, vor dem Einschlafen.

Wiegenlied für das Jesuskind

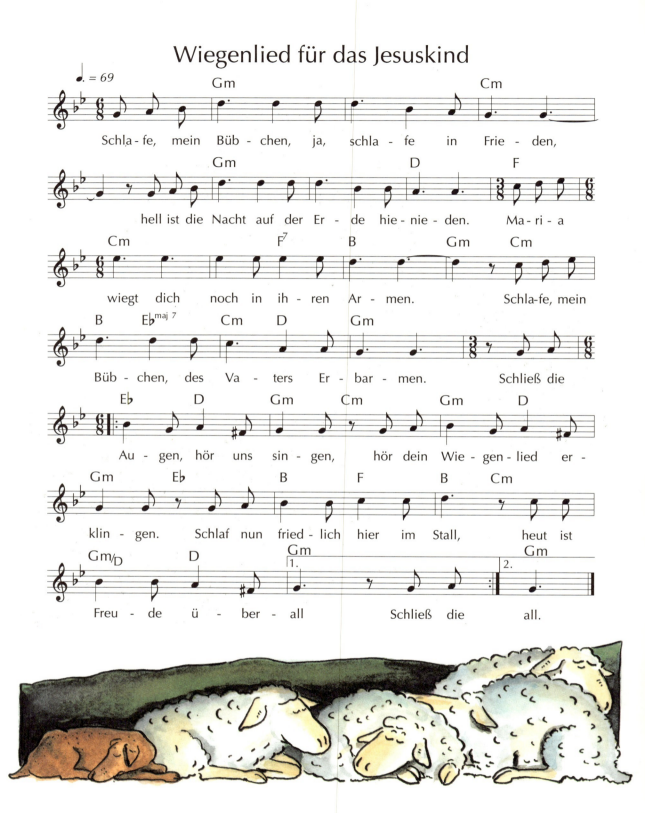

♩. = 69

Schla - fe, mein Büb - chen, ja, schla - fe in Frie - den,
hell ist die Nacht auf der Er - de hie - nie - den. Ma - ri - a
wiegt dich noch in ih - ren Ar - men. Schla - fe, mein
Büb - chen, des Va - ters Er - bar - men. Schließ die
Au - gen, hör uns sin - gen, hör dein Wie - gen - lied er -
klin - gen. Schlaf nun fried - lich hier im Stall, heut ist
Freu - de ü - ber - all Schließ die all.

Schlafe, mein Bübchen, ja, schlafe in Frieden,
hell ist die Nacht auf der Erde hienieden.
Maria wiegt dich noch in ihren Armen.
Schlafe, mein Bübchen, des Vaters Erbarmen.

Schließ die Augen, hör uns singen,
hör dein Wiegenlied erklingen.
Schlaf nun friedlich hier im Stall,
heut ist Freude überall.

Leg an die Brust deiner Mutter das Köpfchen,
leis spielt der Wind noch mit deinen Löckchen.
Schlafe, du Kindlein, schließe nun die Augen,
öffnest die Herzen zum richtigen Glauben.

Schließ die Augen, hör uns singen . . .

Schlafe, Erlöser, die Engel singen,
die frohe Botschaft den Hirten zu bringen,
Worte von Frieden, Liebe und Verzeihen.
Schlafe, Erlöser, du wirst uns befreien.

Schließ die Augen, hör uns singen . . .

Jetzt wird es stille und dunkel im Stalle,
die Englein sind heimgeflogen nun alle.
Hirten, die künden von dir in den Orten:
Hört, der Messias geboren ist dorten!

Träum, mein Bübchen, träum und schlafe,
's schlafen Hirten auch und Schafe.
Der das Heil in Händen hält,
schlaf, du Heiland aller Welt.

Träum, mein Bübchen, träum und schlafe . . .

Maria, die Nachtigall

Diese Geschichte erzählt man sich auf der Insel Malta und in Italien. Sie gefällt mir gut, und man kann sie glauben.

Maria, die Mutter des kleinen Jesus, war müde vom Spinnen und all der anderen Arbeit. Und sie war heiser. So heiser, wie das eine Mutter werden kann, wenn sie jeden Abend Lieder für ihr Kind singt. Vielleicht war sie auch erkältet, wer weiß. Jedenfalls konnte sie an diesem Abend nicht singen.

Der kleine Jesus aber schlief nur ein, wenn er den Abendgesang seiner Mutter hörte. Nun weinte er.

Maria versuchte es noch einmal mit dem Singen, weil sie ihr Kind so liebte. Aber es wollte kein Lied dabei herauskommen.

Da! Was war das? Die Stimme eines Vogels. Welch süßer Klang!

Klein und unscheinbar sah er aus, eher grau. Und wäre er nicht ein solcher Sänger, man hätte ihn womöglich übersehen.

Dieser Vogel hatte Maria heimlich Abend für Abend bei ihren Gutenachtliedern belauscht. Mit wundervoller, reiner Stimme sang er nun die Lieder, die sonst Maria gesungen hatte. So etwas konnte nur die Nachtigall. Und das Jesuskind schlummerte sanft ein, weil es glaubte, die Stimme der Mutter zu hören, so wie es sie zuvor immer gehört hatte.

Als das Kind eingeschlafen war, sagte Maria zur Nachtigall: »Von nun an sollst du meine Stimme in dir tragen. Den Menschen sollst du singen von Leid und Freude und von der Liebe. Und von der Sehnsucht nach Frieden sollst du ihnen singen, solange gesungen wird, hörst du? Sing immer wieder davon! Dein Name aber soll auch meiner sein, und mein Name ist nun deiner.«

Seit dieser Zeit singt die Nachtigall mit der Stimme Marias, und ihre Namen gehören zusammen. So heißt es ja auch: »Marie, du Nachtigall des Himmels.« Und in vielen Gegenden soll die Nachtigall als heilig gelten, weil sie Jesus in den Schlaf gesungen hat. Und wenn jemand zur Nacht singen kann, so wie eine Mutter, dann sie, die Nachtigall Maria. Und wenn du sie hörst, dann denk an die Worte Marias. Und hörst du sie nicht, versuch ihre Sehnsucht nach Frieden zu teilen. Dann wirst du sie eines Tages hören. Bestimmt.

Es ist für uns eine Zeit angekommen

♩ = 96

Es ist für uns ei - ne Zeit an - ge - kom - men, die bringt uns

ei - ne gro - ße Freud. Es ist für Freud. Ü - bers

schnee - be - glänz - te Feld wan - dern wir, wan - dern

wir durch die wei - te, wei - ße Welt.

Es ist für uns eine Zeit angekommen,
die bringt uns eine große Freud.
Es ist für uns eine Zeit angekommen,
die bringt uns eine große Freud.
Übers schneebeglänzte Feld
wandern wir, wandern wir
durch die weite, weiße Welt.

Es schlafen Bächlein und Seen unterm Eise,
es träumt der Wald einen tiefen Traum.
Es schlafen Bächlein und Seen unterm Eise,
es träumt der Wald einen tiefen Traum.
Durch den Schnee, der leise fällt,
wandern wir, wandern wir
durch die weite, weiße Welt.

Vom hohen Himmel ein leuchtendes Schweigen
erfüllt die Herzen mit Seligkeit.
Vom hohen Himmel ein leuchtendes Schweigen
erfüllt die Herzen mit Seligkeit.
Unterm sternbeglänzten Zelt
wandern wir, wandern wir
durch die weite, weiße Welt.

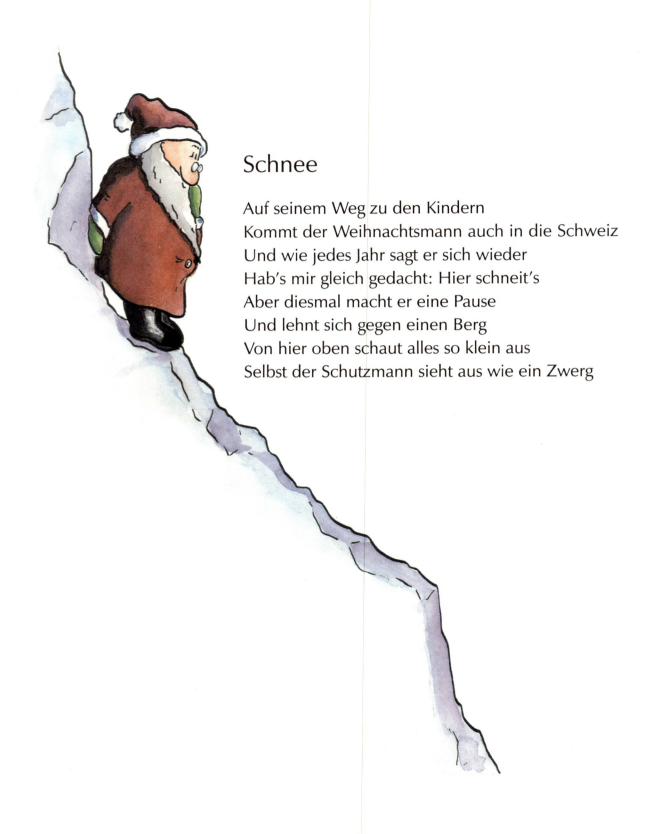

Schnee

Auf seinem Weg zu den Kindern
Kommt der Weihnachtsmann auch in die Schweiz
Und wie jedes Jahr sagt er sich wieder
Hab's mir gleich gedacht: Hier schneit's
Aber diesmal macht er eine Pause
Und lehnt sich gegen einen Berg
Von hier oben schaut alles so klein aus
Selbst der Schutzmann sieht aus wie ein Zwerg

Und der Weihnachtsmann kommt ins Grübeln
Und im Tal gehn die Lichter an
Der Schnee fällt jetzt immer dichter
Er fällt auch auf den Weihnachtsmann
Und wie er auf das kleine Tal blickt
Denkt er: Eigentlich ist das ganz schön
So ein Weihnachtsurlaub und nichts tun
Als vom Berge hinunterzusehn

Hat's erst einmal so richtig begonnen
Ja, dann schneit's, dann schneit's, dann schneit's
Ganz besonders dort in den Bergen
Wo man Urlaub macht in der Schweiz
Und der Schutzmann sieht von da unten
Plötzlich einen neuen Berggipfel
Soviel Schnee ist nun schon gefallen
Auf den Weihnachtsmannmützenzipfel

Der Weihnachtsmann friert niemals
Doch bestimmt würde er sich freun
Käme einer vorbei wie der Emil
Mit paar Scherzen und Käse und Wein
Bliebe nur noch die eine Frage
Wie werden wohl in dieser Nacht
Dort unten im Tal den Kindern
Die Weihnachtsgeschenke gebracht?

Hört, ihr Leute, was geschah

Hört, ihr Leu-te, was ge-schah, glo-ri-a, glo-ri-a,

freu-dig klingt's von fern und nah. Glo-ri-a, glo-ri-a,

fro-he Bot-schaft brin-gen wir euch: Chri-stus, der Herr, ist ge-born.

Hört, ihr Leute, was geschah,
gloria, gloria,
freudig klingt's von fern und nah.
Gloria, gloria,
frohe Botschaft bringen wir euch:
Christus, der Herr, ist geborn.

Kennt ihr alle Davids Stadt,
gloria, gloria,
wo Gott große Wunder tat?
Gloria, gloria,
dort im Stall bei Ochs und Esel:
Christus, der Herr, ist geborn.

Es liegt wohl ein Königskind,
gloria, gloria,
arm im Schlaf bei Schaf und Rind.
Gloria, gloria,
alle Hirten knien und beten:
Christus, der Herr, ist geborn.

Lieber Gott, wir danken dir,
gloria, gloria,
daß du gabst das Wunder hier.
Gloria, gloria,
darum jauchzen wir und singen:
Christus, der Herr, ist geborn.

Der goldene Pelz

Am Heiligen Abend, der in der Ukraine erst am 7. Januar gefeiert wird, zog einmal ein Bettelkind von Haus zu Haus. Und in den Häusern saßen alle zusammen, und alle aßen zwölf Gerichte.

Das Kind war hungrig und fror, und es klopfte an die Tür des ersten Hauses. Dort wohnte der Müller.

Als er öffnete, sagte das Kind: »Ich bin hungrig, und ich friere.«

»So hättest du dir reichere Eltern suchen sollen«, klang es ihm entgegen, und die Tür schloß sich wieder.

Das Kind ging weiter und klopfte an die Tür des Bäckers.

Er öffnete, und das Kind sagte wieder: »Ich bin hungrig, und ich friere.«

»So hättest du zeitig etwas backen sollen«, klang es ihm entgegen, und abermals schloß sich die Tür.

Als das Kind das nächste Mal klopfte, war es an der Tür des Schneiders.

Er schickte das Kind fort mit den Worten: »Hättest du dir doch beizeiten ordentliche Kleider angezogen.«

Da ging das Kind zum Haus des Priesters und klopfte auch dort.

Als die Tür sich öffnete, sagte das Kind noch einmal: »Ich bin hungrig, und ich friere.«

»So hast du wohl gesündigt, und nun straft dich Gott. Möge er dir gnädig sein«, wurde ihm geantwortet, ehe sich die Tür wieder schloß.

Da ging das Kind in den Wald und lehnte sich an einen Baum. In diesem Baum hielt ein graues Eichhörnchen seinen Winterschlaf, aus dem es nun erwachte.

Als es das Kind sah, sagte es: »Komm, sei mein Gast. Ich habe nicht viel, aber für uns beide wird es wohl reichen. Und der Schnee wird uns ein Dach machen, daß wir nicht frieren müssen.«

Und es begann zu schneien, und sie aßen gemeinsam das Weihnachtsmahl mit zwölf Speisen unter einem dicken Dach von Schnee. Und sie froren nicht.

Und als sie gegessen hatten, war es längst Nacht, und es hörte zu schneien auf. Ein Stern ging auf und ging drei Tage nicht unter, und von seinem Licht fiel etwas Gold auf den Pelz des Eichhörnchens. Seitdem ist es nicht mehr grau, sondern trägt ein goldenes Fell.

Bleibet wach

♩ = 84

Em   Am   H   Em   H

Blei - bet   wach   und   schlaft   nicht   die - se   Nacht, die - ses

Em   Am   H   Em   D   G

Dun - kel   bir - get   Got - tes   Pracht: Ei - nes   Mäd - chens

D   Em   C   H   Em D   G

Schoß   ge - bar   un - sern   Hei - land,   das   ist   wahr.   Da - rum   sing,   du

D   Em   Hm   C   Em/H   H   Em

Chri - sten - schar: Ky - ri - e   e - le - i - son,   Ky - ri - e   e - lei - son.

Bleibet wach und schlaft nicht diese Nacht,
dieses Dunkel birget Gottes Pracht:
Eines Mädchens Schoß gebar
unsern Heiland, das ist wahr.
Darum sing, du Christenschar:
Kyrieeleison, Kyrieeleison.

Seid bereit und singet Gott zur Ehr,
denn die Nacht der Angst drückt euch nicht mehr.
Seht, im Elend und zur Nacht
hat uns Gott sich selbst gebracht.
Darum singet leis und sacht:
Kyrieeleison, Kyrieeleison.

Die Wahrheit

In Galicia, früher die spanische Piratenküste, ist zu Weihnachten alles anders. Fast alles.

Die Kinder bauen auch hier ihr eigenes kleines Belén, also Bethlehem, auf einem Tisch oder in einem Zimmer auf, Nachbarn besuchen sich und bewundern das kleine Bethlehem. Das Nachtessen am 24. Dezember ist eine Fastenspeise ohne Fleisch, so wie es der kirchliche Brauch vor großen Festtagen will. Den Truthahn gibt es erst am Tag danach. Und Turrón, eine Leckerei aus Mandeln, Honig und Eiern, die ein bißchen wie Marzipan schmeckt.

Der Heiligabend ist laut und geschäftig. Es wird musiziert und gesungen, auf der Straße gefeiert. Gruppen ziehen mit ihren Liedern umher und bekommen für ihre Lieder Süßigkeiten, Nüsse oder Obst. Es klingen die Panderata, eine Schellentrommel, die Zambomba, eine Trommel mit einem quietschenden Stock, der Rebel, eine kleine Gitarre mit vier Saiten, und dazu Rasseln, Pfeifen, Knarren und Schnarren und klappernde Muscheln. Und diese Muscheln gibt es nur in Galicia. Und die Villancios! Das sind Lieder, in denen von der Geburt des Jesuskindes gesungen wird, aber mit vielen neu hinzugedichteten Strophen, die ziemlich frech von Alltäglichem erzählen.

Nicht nur, daß Mercedes diesmal davon gesungen hat, wie Ramon sie das ganze Jahr hindurch geärgert hat. Das war erst der Anfang. Die Wahrheit muß gesungen werden dürfen – das ist so am Heiligabend in Galicia!

Ramon sang über seine Tante, die ihrem Papagei das ganze Jahr lang Blödsinn beigebracht hat. José, der Sohn der Tante, also Ramons Cousin, sang darüber, daß Ramon in der Schule gemogelt und deshalb so gute Zensuren hat. Ramons Vater sang darüber, daß Josés Vater, der Bürgermeister, bei der Wahl gemogelt hat. Der Bürgermeister sang darüber, daß der Wetterbericht auch nie stimmt. Jedenfalls nicht für Galicia. Und Ernesto Castro, der alte Fischer, dessen Opa noch Pirat war, sang davon, wie sie ihn alle seit Jahren hinhalten – der Bürgermeister, der Pfarrer, die

Ämter und auch sonst alle, die hier wichtig sind. Und er braucht doch nur ein neues Holzbein. Gerade jetzt zu Weihnachten wäre es wichtig gewesen, damit die Hose anständig sitzt.

So singen sie, ärgern sich, werden rot, werden blaß, vertragen und küssen sich schließlich, denn es ist Weihnachten. Friede auf Erden und den Menschen ein Wohlgefallen.

Aber die Wahrheit mußte gesungen werden dürfen.

Quellen

Erfüllet die Luft, ihr Lieder
Text: Peter Flessa, Arr. Hannes Leffe.
Nach einer portugiesischen Volksweise.
© 1988 by Chico Musikverlag, Hamburg

Höret heut die Sternensänger
Text: Peter Flessa, Arr. Hannes Leffe.
Nach einer französischen Volksweise.
© 1988 by Chico Musikverlag, Hamburg

Durch die Berge weht der Wind
Text und Arr.: Michael Korth. Nach einer
tschechischen Volksweise.
© 1991 by Chico Musikverlag, Hamburg

Mitternacht war
Text: Matthes Loehr, Arr. Hannes Leffe.
Nach einer ecuadorianischen Volksweise.
© 1988 by Chico Musikverlag, Hamburg

Maria durch ein' Dornwald ging
Deutsche Volksweise, Arr. Hannes Leffe.
© 1988 by Chico Musikverlag, Hamburg

Engel rufen: Hirten, hört!
Text: Dirk Römmer, Arr. Hannes Leffe.
Nach einer tansanischen Volksweise.
© 1988 by Chico Musikverlag, Hamburg

La Befana
Text und Musik: Ulrich Maske. Frei nach
dem italienischen Volkslied „E' arrivata la
befana".
© 1992 by Chico Musikverlag, Hamburg

Heiland, sei willkommen
Text: Matthes Loehr, Arr. Hannes Leffe.
Nach einer niederländischen Volksweise.
© 1991 by Chico Musikverlag, Hamburg

Ich sah drei Schiffe vor Anker gehn
Text und Arr.: Michael Korth.
Nach einer englischen Volksweise.
© 1991 by Chico Musikverlag, Hamburg

Drei Könige kamen aus Morgenland
Text: Peter Flessa, Arr. Hannes Leffe.
Nach einer österreichischen Volksweise.
© 1988 by Chico Musikverlag, Hamburg

Der Zaunkönig
Text und Musik: Ulrich Maske.
Nach Motiven aus Irland.
© 1993 by Chico Musikverlag, Hamburg

Hört, ihr Leute, was geschah
Text: Peter Flessa, Arr. Hannes Leffe.
Nach einer ukrainischen Volksweise.
© 1988 by Chico Musikverlag, Hamburg

Wiegenlied für das Jesuskind
Text: Matthes Loehr, Arr. Hannes Leffe.
Nach einer italienischen Volksweise.
© 1988 by Chico Musikverlag, Hamburg

Es ist für uns eine Zeit angekommen
Nach einer Schweizer Volksweise,
Arr.: Michael Korth.
© 1991 by Chico Musikverlag, Hamburg/
Text: Paul Hermann

Friede auf Erden allen Menschen
Text: Dirk Römmer, Arr. Hannes Leffe.
Nach einer Volksweise aus Papua-Neuguinea.
© 1988 by Chico Musikverlag, Hamburg

Bleibet wach
Text: Matthes Loehr, Arr. Hannes Leffe.
Nach einer katalanischen Volksweise.
© 1988 by Chico Musikverlag, Hamburg

Anmerkung

Henning Kasten und ich haben uns bemüht, die Notierung der Lieder den Tonträger-Fassungen anzupassen, jedoch ohne dabei die Singbarkeit für Chöre und für den Hausgebrauch unnötig zu erschweren.   U. M.